DAS ULTIMATIVE
Fuchs-Buch

Erfahre mehr über dein liebstes schlaues Säugetier

Jenny Kellett

Übersetzung Philipp Goldmann

BELLANOVA

Urheberrecht © 2023 von Jenny Kellett

Das Ultimative Fuchs-Buch
www.bellanovabooks.com

Alle Rechte vorbehalten.
Kein Teil dieses Buches darf in irgendeiner Form durch elektronische oder mechanische Mittel, einschließlich Fotokopie, Aufzeichnung oder Informationsspeicherung und -abruf, ohne schriftliche Genehmigung des Autors vervielfältigt werden.

ISBN: 978-619-264-108-5
Imprint: Bellanova Books

INHALT

Einleitung 4
Füchse - Die Grundlagen 7
Fuchs-Arten 15
    Polarfuchs 16
    Rotfuchs 20
    Swiftfuchs 24
    Kitfuchs 28
    Korsak 32
    Kapfuchs 36
    Blassfuchs 40
    Bengalfuchs 44
    Tibetischer Sandfuchs 48
    Afghanfuchs 52
    Rüppellfuchs 56
    Fennek 60
Von der Geburt bis zum Erwachsensein 64
Verhalten und Gewohnheiten des Fuchses ... 74
Füchse in Folklore und Populärkultur ... 94
Andere interessante Fakten 94
Fuchs-Quiz 100
    Antworten 104
Füchse Wortsuche Rätsel 106
Quellen 108

EINLEITUNG

Der geheimnisvolle, schlaue Fuchs fasziniert die Menschen schon seit Tausenden von Jahren. Ihre weichen, buschigen Schwänze und ihr niedliches, katzenartiges Aussehen sind nur einige Gründe, warum wir uns zu ihnen hingezogen fühlen. Aber es gibt noch so viel mehr zu lernen.

Es gibt Dutzende von verschiedenen Arten auf fast allen Kontinenten, und jeder Fuchs hat sich auf unglaubliche Weise an seine Umgebung angepasst. Vom perfekt getarnten Sandfuchs bis zum flauschigen, isolierten Polarfuchs - in diesem Buch erfahren wir mehr über die fabelhafte Welt der Füchse.

Zum Schluss kannst du dein Wissen in unserem Fuchs-Quiz testen. Bist du bereit?! *Los geht's!*

Ein Polarfuchs.

FÜCHSE: DIE GRUNDLAGEN

Was sind Füchse und wo leben sie?

Füchse sind Säugetiere, das heißt, sie bringen lebende Junge zur Welt und säugen sie mit Milch.

• • •

Innerhalb der Säugetiere gehören Füchse zur Gattung der Canidae (einer kleineren Gruppe), zu der auch Hunde, Kojoten und Wölfe gehören.

Obwohl Füchse eng mit Hunden verwandt sind, verhalten sie sich eher wie Katzen. Sie können auf Bäume klettern, haben ein ausgezeichnetes Nachtsichtvermögen und nutzen ihre Schnurrhaare, um sich an ihre Beute heranzupirschen.

...

Füchse leben auf allen Kontinenten, außer in der Antarktis. Allerdings leben sie gerne in der Arktis.

...

Die häufigste Fuchsart ist der Rotfuchs. Füchse haben ein erstaunliches Gehör. Damit können sie Beutetiere finden, die sich unter der Erde verstecken.

Füchse sind Allesfresser, das heißt, sie können sowohl von Pflanzen als auch von Fleisch leben. Die verschiedenen Arten fressen unterschiedlich viel jeder Art von Nahrung.

• • •

Es gibt Dutzende von Arten und Unterarten des Fuchses. Jede Art hat ihre eigenen interessanten Merkmale, auf die wir später noch näher eingehen werden.

• • •

Das Wort "Fuchs" stammt von dem altenglischen Wort fuhsaz ab, das "dickhaariger Schwanz" bedeutet.

Die durchschnittliche Lebenserwartung eines Fuchses hängt von seiner Art ab, wobei einige ein viel längeres Leben führen als andere. Der älteste jemals aufgezeichnete Fuchs war ein Rotfuchs im Giardino Zoologico di Roma in Italien. Er war 19 Jahre alt, als er 1997 starb.

• • •

Weibliche Füchse werden "Füchsinnen" oder auch "Fähe" genannt, die männlichen Füchse nennt man "Rüden" und die Jungtiere "Welpen".

• • •

Füchse sind meist nachtaktiv, das heißt, sie sind vor allem nachts unterwegs.

Rüppellfuchs.

Die Fuchsjagd ist leider in vielen Ländern immer noch eine beliebte Aktivität. Sie wird jedoch zunehmend verpönt, und im Vereinigten Königreich (mit Ausnahme von Nordirland) ist die Jagd auf Füchse mit Hunden seit 2005 illegal.

...

Eine Gruppe von Füchsen wird als Schleicher oder Leine bezeichnet.

...

Die größte Fuchsart - der Rotfuchs - wiegt zwischen 4,1 und 8,7 Kilogramm. Die kleinste Fuchsart - der Fennec - wiegt zwischen 0,7 und 1,6 kg.

Rotfuch.

FUCHSARTEN

Nicht alle Füchse sind gleich geboren!

Tatsächlich gibt es Hunderte von verschiedenen Fuchsarten, die in "echte Füchse" (mit nur einem gemeinsamen Vorfahren) und andere Arten wie südamerikanische Füchse und Löffelhunde (auch Löffelfuchs oder Großohrfuchs genannt), die einige gemeinsame Vorfahren haben, unterteilt werden.

Hier werden wir uns die 12 verschiedenen Arten "Echter Füchse" ansehen. Alle "Echten Füchse" gehören zur Gattung *Vulpini*. **Wie viele kennst du schon?**

POLARFUCHS
Vulpes lagopus

Der Polarfuchs, auch bekannt als Schneefuchs und Weißfuchs, ist in der Arktis beheimatet. Er ist eine kleine Art mit langem, dickem weißen Fell und einem großen, flauschigen Schwanz. Sein weißes Fell bietet die perfekte Tarnung im Schnee.

Polarfüchse haben ein hartes Leben, und die meisten werden nicht älter als ein Jahr, aber die geschicktesten von ihnen können mehr als ein Jahrzehnt überleben. Sie ernähren sich von Fischen, Seevögeln, Ringelrobbenbabys und anderen kleinen Tieren, die sie finden können - sie sind nicht allzu wählerisch!

Da sie bei sehr kalten Temperaturen leben, ist es für sie wichtig, sich warmzuhalten. Das tun sie, indem sie sich zusammenrollen und sich hinter ihrem flauschigen Schwanz verstecken.

Sie halten keinen Winterschlaf; im Herbst versuchen sie jedoch, so viel Fett wie möglich anzusammeln, um den Winter zu überstehen, wenn die Nahrung schwieriger zu finden ist.

Die Hauptfeinde der Polarfüchse sind Eisbären, Rotfüchse, Adler und Grizzlybären.

DAS ULTIMATIVE FUCHS-BUCH

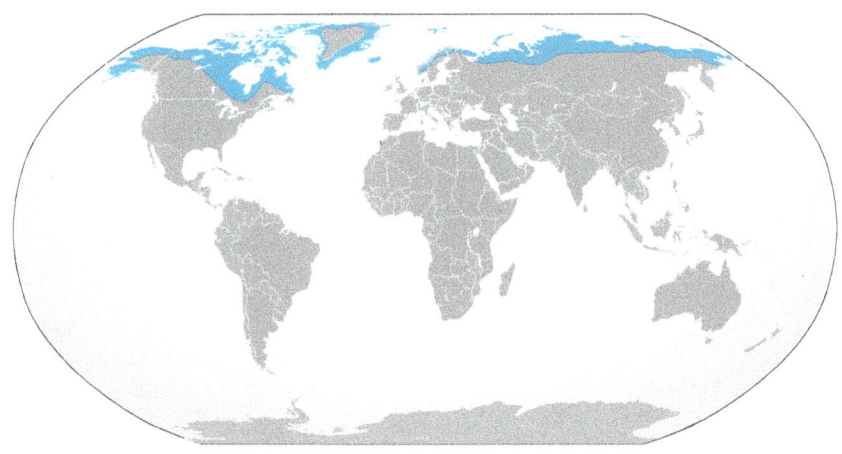

Polarfuchs-Verbreitungsgebiet. *Credit: iucnredlist.org, CC BY-SA 3.0*

Sie sind das einzige Landsäugetier, das in Island heimisch ist und dort seit der letzten Eiszeit lebt. Weitere Gebiete, in denen sie vorkommen, sind Nordeuropa, Kanada, Alaska und Nordrussland.

ROTFUCHS
Vulpes vulpes

Wenn Sie einen Fuchs in freier Wildbahn gesehen haben, handelt es sich höchstwahrscheinlich um den Rotfuchs, denn er ist der häufigste Fuchs der Welt. Man findet ihn in ganz Europa, Nordamerika, Nordafrika, Asien und Australien. In einigen Ländern, z. B. in Australien, gilt er jedoch als Schädling, da er der einheimischen Tierwelt großen Schaden zufügt.

Innerhalb der Art Vulpes vulpes gibt es 45 Unterarten, darunter den Kreuzfuchs und den Silberfuchs, wobei der Rotfuchs die häufigste ist.

DAS ULTIMATIVE FUCHS-BUCH

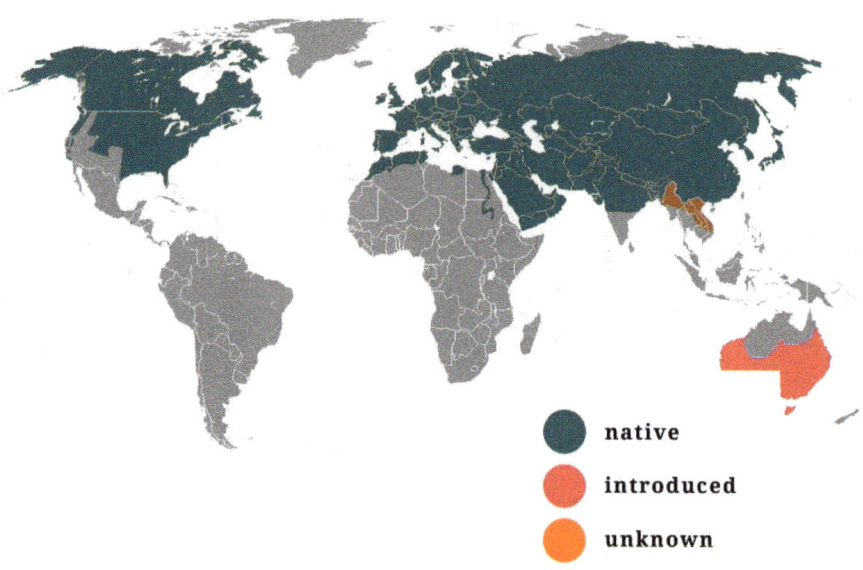

Verbreitung von Rotfüchsen.
Credit: iucnredlist.org

In der Welt der Füchse sind die Rotfüchse in der Regel die Stärksten und Dominantesten. Andere Fuchsarten, die im selben Gebiet leben, haben es schwer, genügend Nahrung zu finden, da die Rotfüchse sie verdrängen. Dies ist einer der Gründe, warum Polarfüchse nicht weiter südlich leben können.

Allerdings haben Rotfüchse auch ihre eigenen Probleme. Kojoten, Weißkopfseeadler, Wölfe und große Katzen machen Jagd auf Füchse, wenn sie die Gelegenheit dazu haben.

Rotfüchse sind häufig in Städten anzutreffen, und vielleicht bist du schon einmal aufgewacht und sie haben in deinem Müll gewühlt. Sie stellen keine direkte Bedrohung für den Menschen dar, können aber eine Plage sein. Da es in städtischen Gebieten nicht viele Raubtiere gibt, hat ihre Zahl im Laufe der Jahre zugenommen.

Rotfüchse leben in der Regel in Paaren oder kleinen Gruppen zusammen. Sie ernähren sich hauptsächlich von kleinen Nagetieren, fressen aber manchmal auch andere kleine Tiere sowie Obst und Gemüse.

SWIFTFUCHS
Vulpes velox

Der Swiftfuchs ist ein kleiner, katzengroßer Fuchs, der in den westlichen Grasländern Nordamerikas lebt, z. B. in Montana, Colorado, New Mexico, Texas und einigen Teilen im südlichen Kanada.

Sie leben in Wüsten und kurz grasigen Prärien, wo sie sich von Gräsern, Früchten, kleinen Säugetieren und Insekten ernähren.

Der Swiftfuchs ist leicht an seinem dunklen, graubraunen Körper und der weiß-gelben Kehle, Brust und Bauch zu erkennen. Sein Schwanz hat eine schwarze Spitze und er hat relativ große Ohren.

Der Swiftfuchs wird oft mit dem Rotfuchs verwechselt. Sie sind eng miteinander verwandt und kreuzen sich oft, da sich einige ihrer Lebensräume überschneiden, was zu Hybriden führt.

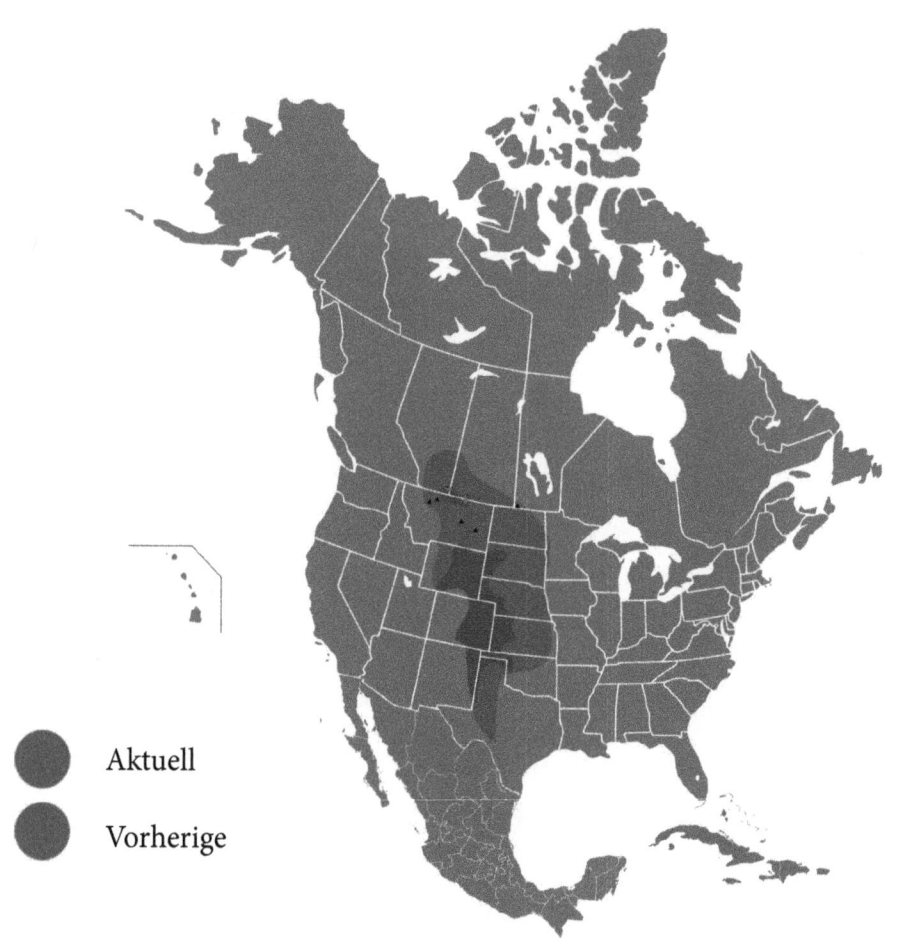

Verbreitung von Swiftfüchsen, vor den 1930er Jahren und heute. *Credit: iucnredlist.org*

Swiftfuchs sind meist nachtaktiv und verbringen den Tag in ihren Höhlen. Es ist jedoch bekannt, dass sie im Winter tagsüber herauskommen, um die warme Sonne zu genießen.

In den 1930er Jahren war der Swiftfuchs fast ausgerottet.

Raubtierbekämpfungsprogramme, die hauptsächlich auf den Grauwolf abzielten, schadeten den Swiftfuchspopulationen erheblich. Glücklicherweise wurde in den 1980er Jahren ein Wiederansiedlungsprogramm eingeleitet, und heute boomen die Swiftfuchspopulationen und sind nicht mehr gefährdet.

Leider bewohnen sie nur noch etwa 40 % der Gebiete, in denen sie vor den 1930er Jahren lebten.

In freier Wildbahn haben Swiftfuchs eine Lebenserwartung von drei bis sechs Jahren, aber in Gefangenschaft werden viele über zehn Jahre alt.

KITFUCHS
Vulpes macrotis

Der Kitfuchs ist die kleinste echte Fuchsart Nordamerikas und lebt in den trockenen und halbtrockenen Gebieten im Südwesten der USA sowie in Nord- und Zentralmexiko.

Aufgrund seiner ähnlich großen Ohren, die ihm ein unglaubliches Gehör verleihen, wird er oft als die nordamerikanische Version des Fennec Fuchses bezeichnet.

Die Farbe der Füchse variiert je nach ihrem Lebensraum, aber in der Regel sind sie grau-gelb gesprenkelt.

San Joaquin Kitfuchs.

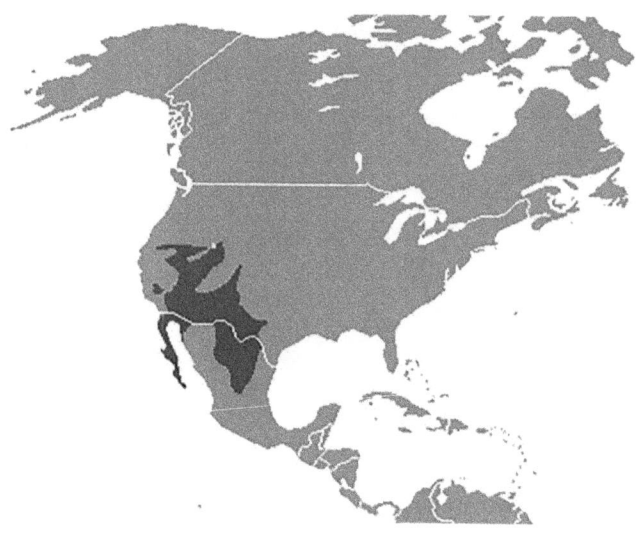

Verteilung von Kitfüchsen.

Füchse haben steife Haarbüschel an der Unterseite ihrer Beine und buschige graue Schwänze mit einer schwarzen Spitze. Auch um die Nase herum sind dunkle Flecken zu sehen.

Da sie in der Regel an sehr heißen Orten leben, sind ihre Höhlen sehr wichtig, um kühl zu bleiben. Sie kommen meist nachts heraus, manchmal aber auch während der Dämmerung.

Kitfüchse sind Aasfresser, d. h. sie sind nicht allzu wählerisch, was ihre Nahrung angeht, aber sie bevorzugen Fleisch. In der kalifornischen Wüste besteht ihre Nahrung hauptsächlich aus Merriam-Kängururatten.

Es gibt mehrere Unterarten des Kitfuchses, darunter den vom Aussterben bedrohten San Joaquin Kitfuchs. Einst in Zentral-Kalifornien sehr verbreitet, gibt es heute nur noch etwa 7.000 Exemplare.

Seit 2007 wurde in Kalifornien ein spezielles Gebiet ausgewiesen, um den Lebensraum der Füchse zu schützen und ihre Zahl hoffentlich zu erhöhen.

KORSAK
Vulpes corsac

Der Korsak ist ein mittelgroßer Fuchs, der in den Wüsten und Halbwüsten Zentralasiens, in Ländern wie Kasachstan, der Mongolei und Nordostchina lebt. Obwohl er nicht vom Aussterben bedroht ist, schwankt sein Bestand von Jahr zu Jahr stark.

Er ist auch als Steppenfuchs bekannt und hat ein schönes graues bis gelbliches Fell mit hellem Fell um die Schnauze. In den kälteren Wintermonaten wird das Fell des Korsaks dicker und seidiger, mit einer dunklen Linie auf dem Rücken.

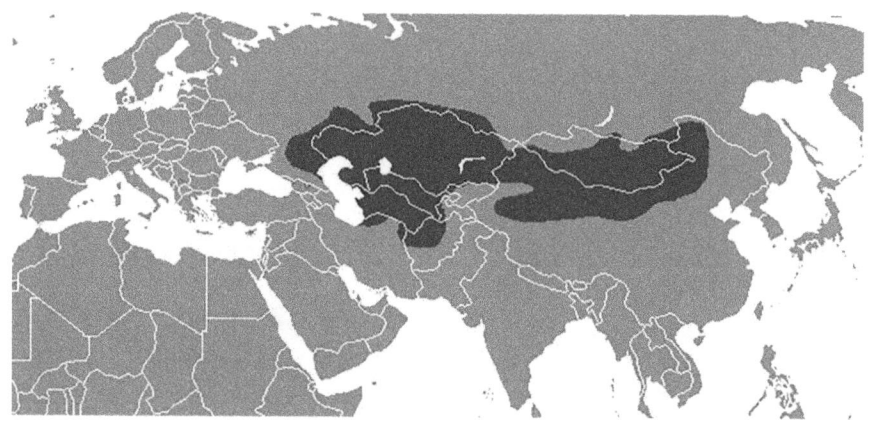

Verteilung von Korsakfüchsen.

Wenn sie auf der Jagd sind, bellen Korsaken oft wie Hunde, um Raubtiere zu verscheuchen. Sie können auch ein hohes Kläffen oder Zwitschern von sich geben, wenn sie mit anderen zusammen sind.

Im Gegensatz zu den meisten anderen Fuchsarten bilden Korsaken häufig Rudel mit anderen Füchsen.

Korsaken versuchen, menschliche Populationen und Gebirgsregionen zu meiden, da sie im Schnee nicht gut Nahrung finden können. Es ist jedoch bekannt, dass sie Antilopenherden folgen, sodass sie auf deren bereits ausgetretenen Pfaden laufen können.

Die größte Bedrohung für Korsaken sind Wilderer, die sie wegen ihres Fells jagen. Da sie nicht besonders schnell laufen können, ist es für Jäger ein Leichtes, sie zu fangen. Andere Raubtiere sind der Grauwolf, Adler und Bussarde.

KAPFUCHS
Vulpes chama

Der Kapfuchs, auch bekannt als Silberrückenfuchs, Asse oder Kamafuchs, ist ein kleiner Fuchs, der im südlichen Afrika heimisch ist. Er bewohnt Länder wie Südafrika, Simbabwe, Botswana und Angola. Er ist die einzige echte Fuchsart, die in Afrika südlich der Sahara lebt.

Einen Kapfuchs erkennt man an seinen großen Ohren, der kleinen, spitzen Nase und dem buschigen Schwanz mit schwarzer Spitze. Das Fell ist silbrig-grau mit weißeren Schattierungen an der Unterseite und der Kehle.

DAS ULTIMATIVE FUCHS-BUCH

Verbreitung von Kapfüchsen.

Wie die meisten Füchse ist auch der Kapfuchs nachtaktiv. Er schläft in unterirdischen Höhlen oder Löchern, die er selbst gegraben hat. Manchmal nutzt er aber auch ein Loch, das ein anderes Tier bereits gegraben hat.

Kapfüchse sind größtenteils Einzelgänger, die nur zur Paarung zusammenkommen. Sie sind sehr ruhige Füchse, kommunizieren aber manchmal mit einem leisen Ruf oder Winseln.

Wenn sie sehr ängstlich sind, können sie ein hohes Bellen von sich geben. Ein aggressiver Kapfuchs kann seinen Angreifer sogar anspucken.

Sie sind opportunistische Jäger, das heißt, sie fressen alles, was sie finden können. Ihre Nahrung besteht hauptsächlich aus Reptilien, kleinen Vögeln, Nagetieren, Insekten und gelegentlich Samen und Früchten.

Die wichtigsten Raubtiere des Kapfuchses sind Löwen, Leoparden und Karakale.

BLASSFUCHS
Vulpes pallida

Der Blassfuchs ist die am wenigsten erforschte Art unter den Füchsen. Er lebt in einem Landstrich, der sich quer durch Afrika vom Senegal bis zum Sudan erstreckt. Aufgrund seines abgelegenen Standorts und seines sandfarbenen Fells, das sich an die Umgebung anpasst, haben nur wenige Menschen einen Blassfuchs gesehen.

Was wir über sie wissen, ist, dass es sich um einen kleinen Fuchs mit einem langen Körper, relativ kurzen Beinen und einer langen dünnen Schnauze handelt. Ihr Fell ist recht dünn und ihr Bauch ist heller als ihr Körper.

DAS ULTIMATIVE FUCHS-BUCH

Verbreitung von Blassfüchsen.

Sie haben lange, rötlich-braune, buschige Schwänze mit einer schwarzen Spitze und einem dunklen Fleck am Schwanzansatz.

Blassfüchse bevorzugen trockene, sandige Gelände. Je nach Wetterlage ziehen sie innerhalb ihrer Region nach Norden und Süden, da Dürreperioden in diesem Gebiet sehr häufig sind.

Sie sind gesellig und leben in Höhlen, meist mit Familienmitgliedern und ihren Jungen. Ihre Höhlen können recht groß sein, manchmal 15 m lang und einige Meter tief.

Blaufüchse sind wie die meisten Füchse nachtaktiv, d. h. sie kommen nur nachts oder während der Dämmerung aus ihren Bauen heraus.

Eine der besonderen Fähigkeiten des Blassfuches besteht darin, dass er das Wasser aus seiner Nahrung speichern kann, sodass er nur selten Wasser trinken muss. Seine Nahrung besteht aus Pflanzen, Beeren, kleinen Nagetieren, Insekten und Tieren.

BENGALFUCHS
Vulpes bengalensis

Der Bengalfuchs, auch "Indischer Fuchs" genannt, ist auf dem indischen Subkontinent endemisch (kommt nirgendwo sonst vor). Sein Lebensraum erstreckt sich von den Ausläufern des Himalaya im Norden bis zur Südspitze Indiens sowie in Teilen von Pakistan und Bangladesch.

Der Bengalfuchs ist relativ klein, hat eine lange Schnauze und lange, spitze Ohren. Sein langer Schwanz macht etwa 50-60 % seiner Körperlänge aus und ist buschig mit einer schwarzen Spitze. Seine Fellfarbe variiert, ist aber meist Grau und Hellbraun.

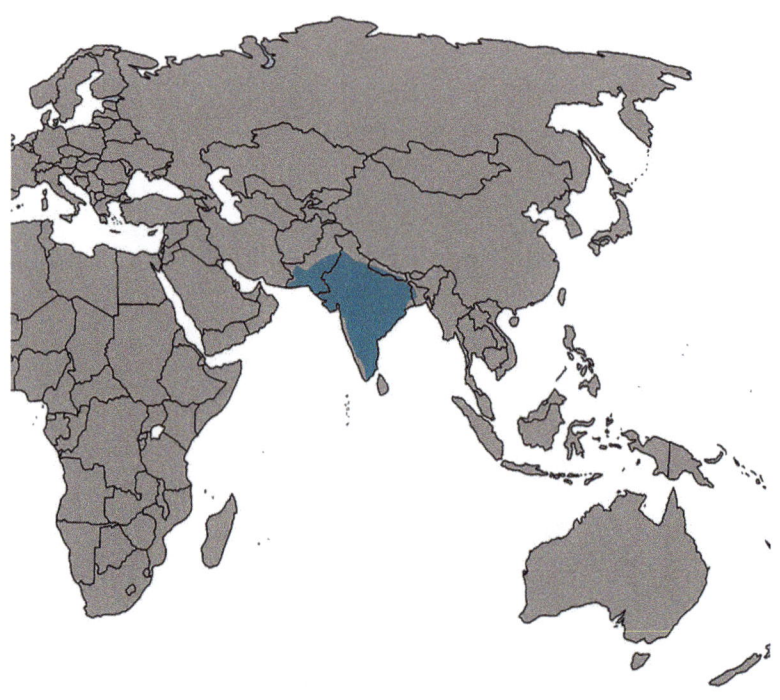

Verbreitung von Bengalfüchsen.

Sie leben lieber in flachen oder leicht hügeligen Gebieten mit kurzen Gräsern als in Wäldern und Wüsten. Wie viele andere Füchse bauen und nutzen sie Höhlen.

Bengalische Füchse haben drei Arten von Höhlen: kleine, einfache Höhlen für schnelle

Ruhepausen, komplexe Höhlen mit mehreren Öffnungen und Höhlen, die sie in und unter Felsspalten angelegt haben.

Im Allgemeinen sind Bengalfüchse nicht sehr gesellig, aber sie bilden Paarungspartnerschaften, die über viele Jahre hinweg bestehen. Einige weibliche Füchse wurden auch dabei beobachtet, wie sie ihre Höhlen mit anderen Weibchen teilen, während sie sich um ihre Jungen kümmern.

Bengalfüchse gibt es in großer Zahl, aber sie sind immer noch Gefahren ausgesetzt, wie dem Verlust ihres Lebensraums, Krankheiten und Raubtieren. Da sie sich in der Nähe des Menschen entwickelt haben, haben sie keine Angst vor ihm und sind leicht zu zähmen.

TIBETISCHER SANDFUCHS
Vulpes ferrilata

Der tibetische Sandfuchs ist eine kleine Fuchsart, die in der Region um das tibetische Plateau im Westen Chinas und das Ladakh-Plateau in Nordindien heimisch ist. Er lebt in Halbwüstengebieten fernab menschlicher Ansiedlungen und bevorzugt eine sehr geringe Vegetationsdecke.

Sie haben ein dichtes, weiches Fell und einen buschigen Schwanz mit weißen Spitzen. Ihre Ohren sind relativ kurz und sie haben lange Eckzähne.

DAS ULTIMATIVE FUCHS-BUCH

Verbreitung tibetischer Sandfüchse.

Die Lieblingsspeise des tibetischen Sandfuchses ist der Plateau-Pika (oder Schwarzlippiger Pfeifhase), eine Art kleines Kaninchen. Außerdem stehen Reptilien, Nagetiere und Murmeltiere auf seinem Speiseplan. Manchmal ernähren sie sich auch von den Kadavern anderer Tiere, wie Rehen und Antilopen.

Im Gegensatz zu anderen Füchsen jagen sie hauptsächlich tagsüber. Das liegt daran, dass Pikas tagaktiv sind.

Tibetische Sandfüchse arbeiten oft mit Braunbären zusammen, um Pikas zu fangen. Während der Bär ein Loch gräbt, um einen Pika zu erreichen, wartet der Fuchs darauf, ihn zu fangen, wenn er dem Bären entwischen will.

Tibetische Sandfüchse bilden Paare, die sich nahe beieinander aufhalten und manchmal auch gemeinsam jagen.

Sie bauen ihre Höhlen unter Felsen, am Rande von Hängen. Ihre Höhlen haben oft vier Eingänge mit einem Durchmesser von jeweils etwa 30 cm.

AFGHANFUCHS
Vulpes cana

Der Afghanfuchs, auch bekannt als Blanford-Fuchs, Königsfuchs, Schwarzfuchs, ist ein kleiner Fuchs, der im Nahen Osten und in Zentralasien vorkommt. Er wurde nach dem britischen Naturforscher William Thomas Blanford benannt, der die Art 1877 erstmals beschrieb.

Der Blanford-Fuchs hat breite Ohren und einen langen, buschigen Schwanz, der fast so groß ist wie sein Körper. Der Körper ist bräunlich-grau, der Bauch heller. Sie haben einen dunkleren Streifen auf dem Rücken.

Photo: Klaus Rudloff @ http://www.biolib.cz

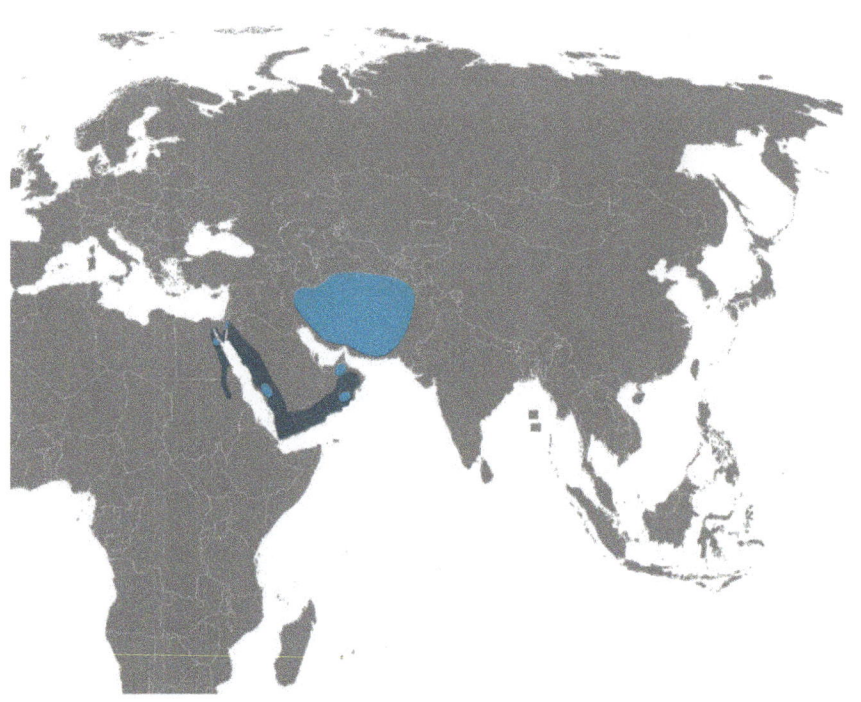

Verbreitung Afghanfuchs. Die hellblauen Populationen sind bestätigte Populationen, während die dunkelblauen Gebiete erwartete Populationen sind.

Ihr Lebensraum ist meist halbtrocken und sie bevorzugen steile Hänge, felsige Schluchten und Klippen. Sie leben in Höhen von bis zu 2.000 m und sind daher für kalte Winter gut gerüstet.

Im Winter haben sie ein dichtes, wolliges Fell und eine dicke Fettschicht, die sie warm hält.

Blanford-Füchse sind sehr gute Kletterer und Springer. Es wurde berichtet, dass sie drei Meter hoch auf Vorsprünge hüpfen! Ihre langen, katzenartigen Krallen helfen ihnen, sich festzuhalten.

Ihre Nahrung besteht hauptsächlich aus Insekten und Früchten. Zu ihren Lieblingsspeisen gehören Käfer, Heuschrecken, Grashüpfer und Ameisen, aber manchmal fressen sie auch menschliche Feldfrüchte. Die meiste Zeit jagen sie allein, aber gelegentlich schließen sie sich mit ihrem Partner zusammen.

RÜPPELLFUCHS
Vulpes rueppellii

Der Rüppellfuchs ist eine kleine und schlanke Art, die in den Wüsten- und Halbwüstengebieten Nordafrikas, des Nahen Ostens und Südwestasiens lebt. Seinen Namen hat er von dem deutschen Naturforscher Eduard Rüppell, der als Erster über den Fuchs schrieb.

Der Rüppellfuchs hat ein sandfarbenes Fell, weshalb er auch oft Rüppellscher Sandfuchs genannt wird. Wie viele Wüstenfüchse haben sie große Ohren, die ihnen helfen, ihre Wärme im heißen Wüstenklima zu regulieren. Außerdem haben sie pelzige Fußballen, die sie vor dem heißen Sand schützen.

DAS ULTIMATIVE FUCHS-BUCH

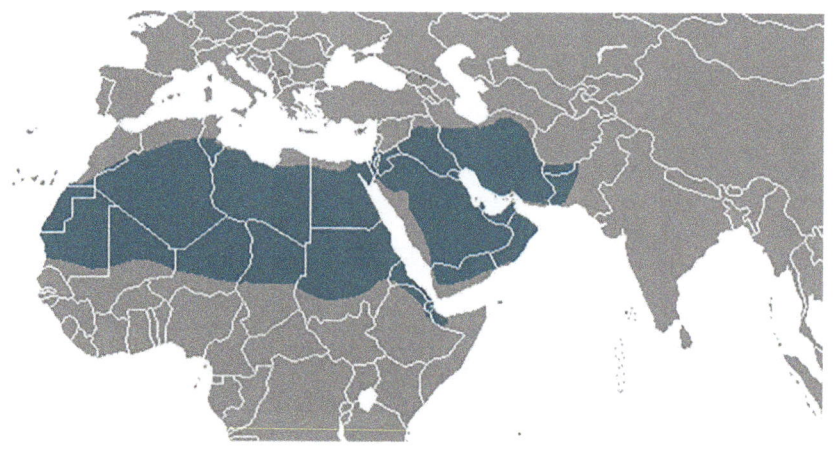

Verbreitung von Rüppellfuchs.

Je nach Region, in der er lebt, ist der Rüppellfuchs entweder nachtaktiv oder dämmerungsaktiv (in der Morgen- und Abenddämmerung).

Die meiste Zeit des Tages verbringen sie in ihren unterirdischen Höhlen, von denen es zwei verschiedene Arten gibt: einen Ruhebau und einen Brutbau. Ruhebaue sind in der Regel nur für einen Fuchs, während die Brutbaue viel größer sind und Platz für die ganze Familie bieten.

Rüppellfüchse sind territorial und markieren die Grenzen ihres Reviers mit Urin. Ein Paar teilt sich das gleiche Revier, das normalerweise etwa 70 km2 groß ist.

Sie leben recht sicher in der Wüste und haben nur zwei natürliche Feinde: den Steppenadler und den Uhu.

FENNEK
Vulpes zerda

Der Fennek ist die kleinste Fuchsart und ist in der Sahara und auf der Sinai-Halbinsel heimisch.

Das Erste, was dir an einem Wüstenfuchs auffällt, sind seine riesigen Ohren, die für sein Überleben in der heißen Wüste entscheidend sind. Die große Oberfläche hilft ihnen, Wärme abzugeben. Ihre Ohren helfen ihnen auch, Beute zu hören, die sich unter der Erde bewegt.

Der Wüstenfuchs wird häufig als exotisches Haustier gezüchtet, das in Ländern wie den USA verkauft wird.

DAS ULTIMATIVE FUCHS-BUCH

Verbreitung des Fennek.

Wüstenfüchse haben ein strohfarbenes Fell und eine schwarze Nase mit einem dunklen Streifen, der vom inneren Auge über die Schnauze verläuft. Ihre Schwänze sind weniger buschig als bei anderen Fuchsarten, haben aber wie bei vielen anderen eine schwarze Spitze.

Der Fennek gräbt große Höhlen unter dem Sand, manchmal bis zu 120 m2 groß, mit mehr als einem Dutzend Eingängen. Wenn der Sand jedoch sehr weich ist, können sie viel einfachere Höhlen mit nur einem Eingang haben.

Da die Wüste sehr trocken ist, sind sie auf das Wasser ihrer Beutetiere angewiesen. Um ihren Flüssigkeitshaushalt aufrechtzuerhalten, trinken aber auch frisches Wasser, wenn sie welches finden. Ihre Nahrung besteht hauptsächlich aus kleinen Nagetieren, Insekten, Eidechsen, Vögeln und manchmal aus Früchten.

Trotz der schwierigen Lebensbedingungen haben sie sich gut angepasst und besitzen eine lange Lebenserwartung von etwa zehn Jahren in freier Wildbahn und 14 Jahren in Gefangenschaft.

DAS ULTIMATIVE FUCHS-BUCH

VON DER GEBURT BIS ZUM ERWACHSENSEIN

Jede Fuchsart hat ihr eigenes Fortpflanzungsmuster. Es hängt vom Klima, der Verfügbarkeit von Nahrung und anderen Faktoren ab - sie wollen eben nur das Beste für ihre Jungen.

Wir werden uns hier auf die Zuchtmuster von Rotfüchse konzentrieren, da sie hier am häufigsten anzutreffen sind. Wenn du mehr über andere Arten erfahren willst, ist das ein interessantes Thema zum Nachforschen!

Ein Fuchsjunges wird Jungtier oder Welpe genannt.

...

Rotfüchse pflanzen sich einmal im Jahr fort, in der Regel zwischen Dezember und März, und gebären im Frühjahr. Der genaue Zeitpunkt hängt davon ab, wo sie leben.

...

Die Trächtigkeitsdauer (wie lange das Weibchen schwanger ist) liegt zwischen 49 und 58 Tagen.

...

Junge Kätzchen haben ein weiches, flauschiges Fell, das mit etwa acht Wochen glänzender wird.

Füchse sind meist monogam, das heißt, sie haben ein Leben lang denselben Partner.

• • •

Normalerweise bringt eine Füchsin einen Wurf von vier bis sechs Jungtieren zur Welt, aber manchmal können es auch bis zu zwölf sein!

Polarfüchse haben viel größere Würfe, manchmal bis zu 14. Das liegt daran, dass die Überlebensrate sehr niedrig ist.

...

Wenn Welpen geboren werden, sind sie völlig hilflos - blind, taub und zahnlos.
Sie sind mit einem weichen, braunen Fell bedeckt.

...

In den ersten 2 bis 3 Wochen ihres Lebens bleiben die Mütter der Jungtiere sehr nah bei ihnen, da sie nicht in der Lage sind, ihre Körpertemperatur selbst zu regulieren. Das bedeutet, dass ihr Körper nicht weiß, ob ihnen warm oder kalt ist, und dass er das nicht kontrollieren kann.

In den ersten Wochen, in denen die Mutter mit ihren Jungen zusammen ist, bringen der Vater oder die kinderlosen Füchsinnen in ihrer Gruppe Futter für die Mutter.

...

Wenn sich die Augen der Jungtiere nach 13-15 Tagen öffnen, sind sie hellblau gefärbt. Diese ändert sich nach vier bis fünf Wochen in Bernstein.

...

Wenn sich die Augen öffnen, beginnen auch die Zähne zu wachsen und die Gehörgänge öffnen sich.

Obwohl sie noch die Hilfe ihrer Mutter benötigen, beginnen die Jungtiere im Alter von drei bis vier Wochen, außerhalb ihrer Behausung auf Entdeckungsreise zu gehen.

In diesem Alter beginnen sie auch, feste Nahrung von ihren Eltern zu probieren.

...

Die Laktationszeit (wie lange ein Jungtier die Milch seiner Mutter trinkt) beträgt sechs bis sieben Wochen.

...

Mit sechs bis sieben Monaten ist ein Jungtier so groß wie ein erwachsener Fuchs und kann dann seine Eltern verlassen und sein eigenes Leben beginnen.

DAS ULTIMATIVE FUCHS-BUCH

Sobald die Füchsinnen etwa ein Jahr alt sind, können sie mit der Produktion ihrer eigenen Jungtiere beginnen.

...

Füchsinnen sind großartige Mütter. Sie sind dafür bekannt, dass sie fast alles tun, um ihre Jungen zu beschützen.

...

Welpen haben acht verschiedene Laute, die sie machen können. Im Alter von 19 Tagen fangen sie an zu winseln, wenn sie Aufmerksamkeit wollen.

Ein Polarfuchs in Svalbard, Norwegen >

DAS ULTIMATIVE FUCHS-BUCH

VERHALTEN UND GEWOHNHEITEN DES FUCHSES

Was machen Füchse den ganzen Tag?

Fuchsbaue werden auch als Erdhöhlen oder Baue bezeichnet. Ihre Bauten werden manchmal vererbt und manchmal von Grund auf neu gebaut. Sie sind in der Regel gut versteckt, können sehr raffiniert sein und mehrere Eingänge haben.

...

Füchse haben Schnurrhaare im Gesicht und an den Beinen, die sie wie Katzen zum Navigieren benutzen.

Die meisten Füchse sind Einzelgänger. Sie leben und jagen gern allein. Sie verbringen nur dann Zeit mit anderen Füchsen, wenn sie sich paaren oder ihre Jungen aufziehen. Es gibt jedoch auch einige weniger verbreitete Fuchsarten, die sehr viel geselliger sind.

...

Füchse sind sehr stimmgewaltig und geben über 40 verschiedene Laute von sich, um miteinander zu kommunizieren. Einer der häufigsten Laute ist das "Gekkering", das wie ein tiefes Schnattern klingt und bei Streitigkeiten verwendet wird.

...

Füchse sind territorial und bekämpfen andere Füchse, die in ihr Revier kommen.

Füchse sind sehr klug. Sie können in extremen Umgebungen überleben: Sie suchen nach Nahrung, halten sich warm und schützen ihre Jungen.

...

Füchse haben Stacheln auf ihren Zungen, die ihnen helfen, sich und ihre Jungen zu reinigen.

...

Füchse gelten als freundlich gegenüber Menschen. Sie bevorzugen es jedoch, wild zu leben, und sind nicht als Haustiere geeignet.

...

Die häufigste Fuchsart, die als exotisches Haustier gehalten wird, ist der Fennek oder Wüstenfuchs.

DAS ULTIMATIVE FUCHS-BUCH

Fuchs-Jungen, die außerhalb ihrer Höhle erkunden.

Leider werden Füchse in der Regel wegen ihres schönen Fells gejagt. Fuchspelze können sehr teuer sein und werden für die Herstellung von Mänteln, Hüten und anderen Kleidungsstücken verwendet.

...

Füchse jagen, indem sie sich an ihre Beute heranpirschen. Sie wenden eine Sprungtechnik an, mit der sie ihre Beute überrumpeln und sehr schnell erlegen können.

...

Füchse sind opportunistische Jäger, das heißt, sie sind nicht allzu wählerisch, was sie fressen. Wenn sie es fangen können, fressen sie es auch!

Je nach Lebensraum und Nahrungsangebot beträgt das Jagdgebiet eines Fuchses etwa 1,6-8 Quadratkilometer.

...

Obwohl Füchse als nachtaktiv bekannt sind, ist es in den letzten Jahren viel häufiger geworden, Füchse in der Dämmerung und manchmal auch tagsüber zu sehen, insbesondere in städtischen Gebieten.

...

Wie der Mensch haben auch Füchse ein binokulares Sehvermögen. Das bedeutet, dass beide Augen nach vorne gerichtet sind und ihr Gehirn durch die Kombination der Blicke beider Augen die Entfernung berechnen kann.

• • •

Füchse suchen in ihrem Revier ständig nach Nahrung, und wenn sie eine Stelle gefunden haben, markieren sie sie mit Urin.

• • •

Im Frühjahr ist es am wahrscheinlichsten, dass Sie tagsüber einen Fuchs sehen, denn dann beginnen die Füchse damit, ihren Jungen das Jagen beizubringen, und erlauben ihnen, den Bau zu verlassen.

Füchse schlafen nur selten in ihrem Bau, mit Ausnahme von Muttertieren und Jungtieren. Stattdessen schlafen sie in der Regel direkt außerhalb des Baus, entweder im Freien oder unter einem Busch.

...

Wenn sie nicht für die Aufzucht von Jungtieren genutzt werden, dienen die Fuchsbaue in erster Linie zur Lagerung von Nahrung. Füchse fangen in der Regel viel mehr Nahrung, als sie brauchen, und lagern sie dann in ihren Höhlen ein, insbesondere wenn der Winter naht.

...

Nicht weit von ihren Höhlen entfernt haben Füchse so genannte Latrinen, in denen sie ihr Toilettengeschäft verrichten.

Bei wirklich schlechtem Wetter oder auf der Flucht vor einem Raubtier kann es vorkommen, dass Füchse vorübergehend einen Kaninchenbau oder den anderer Tiere überfallen, um sich in Sicherheit zu bringen.

FÜCHSE IN FOLKLORE UND POPULÄRKULTUR

Der Fuchs spielt in der modernen und alten Kultur eine wichtige Rolle. In einigen Kulturen symbolisiert der Fuchs nur positive Eigenschaften, in anderen ist er das genaue Gegenteil.

Einige der positiven Eigenschaften, die der Fuchs verkörpert, sind Kreativität, Leidenschaft, Charme und Weisheit.

Einige der negativeren Eigenschaften sind dämonisch, betrügerisch, listig und verschlagen!

Füchse, wie auch immer sie wahrgenommen werden, spielen eine große Rolle in der Folklore und Volkskultur auf der ganzen Welt, insbesondere in Europa und Asien.

Äsops Fabeln, eine Sammlung von Fabeln aus dem antiken Griechenland, enthalten viele Geschichten, in denen ein Fuchs vorkommt. Es ist eine der frühesten Aufzeichnungen, in denen Füchse in der Folklore dargestellt werden.

...

Der Fuchs tritt häufig in Märchen und Fabeln auf. Sehr viele Märchen in denen ein Fuchs auftaucht wurden von den Gebrüdern Grimm verfasst, wie zum Beispiel: "Der Wolf und der Fuchs", "Der Fuchs und die Gänse" oder "Der Zaunkönig und der Bär". Dort wird er meistens als schlau und listig, aber auch als lächerliche "Schlaufuchs" - Gestalt, dargestellt.

...

Fantastic Mr. Fox ist ein beliebtes Kinderbuch eines anderen englischen Autors - Roald Dahl aus dem Jahr 1970.

DAS ULTIMATIVE FUCHS-BUCH

Erstauflage von Beatrix Potters Buch *The Tale of Mr. Tod*.

In diesem lustigen Buch geht es um einen schlauen und hinterhältigen Fuchs, der die örtlichen Bauern ärgert. 1979 wurde das Buch von Charles Schüddekopf in "Der fantastische Mr. Fox" übersetzt und 2009 von Wes Anderson verfilmt.

Der Song "What does the Fox Say?", der 2013 von Ylvis veröffentlicht wurde, war das meistgestreamte Musikvideo des Jahres und hatte bis 2021 über eine Milliarde Aufrufe auf Youtube.

• • •

In der chinesischen Kultur sind Füchse mit dem Leben nach dem Tod verbunden. Wenn man einen Fuchs sieht, ist das ein Signal aus dem Jenseits oder dem Reich der Geister - manchmal gut, manchmal schlecht, je nachdem, was man glaubt.

• • •

Die Royal Navy (die Seekriegsstreitkräfte des Vereinigten Königreichs) verfügt über 16 Schiffe mit der Bezeichnung "HMS Fox".

Der Film "Der Fuchs und das Kind" von 2007 ist eine schöne Geschichte über ein junges Mädchen, das sich mit einem Fuchs anfreundet.

...

In der chinesischen, japanischen und koreanischen Folklore sind Füchse mächtige Geister, die oft die Gestalt von weiblichen Körpern annehmen, um Männer zu verführen und zu täuschen.

...

Eines der bekanntesten Kinderlieder ist *"Fuchs, du hast die Ganz gestohlen…"*. Kennst du alle Strophen?

Prinz Hanzoku wird von einem neunschwänzigen Fuchsgeist terrorisiert, gemalt von Utagawa Kuniyoshi, einem berühmten japanischen Künstler aus dem 19. Jahrhundert.

In einigen Kulturen ist es ein gutes Omen, wenn ein Fuchs vor einem kreuzt, oder dass man auf dem richtigen Weg ist.

• • •

Das Volk der Moche im alten Peru verehrte den Fuchs. Der Fuchs wurde als Krieger dargestellt, der im Kampf eher seinen Geist als seine körperliche Kraft einsetzt.

• • •

Der Begriff "outfoxing" (deutsch überlisten) stammt aus der griechischen Literatur der Antike. In Anlehnung an den schlauen Fuchs wurde der Begriff "unsere Gegner überlisten" verwendet, und der Begriff wird auch heute noch verwendet.

Das Wort "Fuchs" wird in verschiedenen Redewendungen verwendet. Zum Beispiel kann "foxy" verwendet werden, um eine attraktive, oft rothaarige Frau zu beschreiben. Das Wort "shenanigan" stammt vermutlich aus dem Irischen und bedeutet "Ich spiele einen Fuchs".

...

Füchse waren ein wichtiger Bestandteil der Folklore und Legenden der amerikanischen Ureinwohner, wurden aber je nach Stamm auf unterschiedliche Weise symbolisiert.

...

Der Reineke Fuchs ist eine bekannte Hauptfigur eines Epos in Versen und in Prosa. Diese Traditionen reichen bis ins europäische Mittelalter zurück. Die benutzte Namensform Reineke Fuchs wurde von Wolfgang Goethe in einem gleichnamigen Versepos etabliert.

ANDERE INTERESSANTE FAKTEN

Es gibt noch so viel mehr über Füchse zu erfahren, hier sind noch ein paar unserer Lieblingsfakten.

Füchse sind sehr stinkig! Sie produzieren einen sehr üblen Geruch aus einer Drüse an der Basis ihres Schwanzes. Wenn du diesen Geruch in deinem Haus oder Garten wahrnimmst, weißt du, dass ein Fuchs in der Nähe ist.

...

Wissenschaftler glauben, dass Füchse in der Lage sind, das Magnetfeld der Erde zu spüren, um unbewusst herauszufinden, wo sich ihre Beute befindet.

Füchse sind sehr verspielt. Sie spielen manchmal nur mit sich selbst, aber auch mit anderen Tieren, einschließlich Rehen.

...

Füchse sind die einzige Hundeart (Canidae), die ihre Krallen wie Katzen einziehen kann.

...

Wenn Füchse Ihren Mülleimer plündern oder Ihre Haustiere belästigen, können Sie sie verscheuchen, indem Sie einige Düfte versprühen, die sie wirklich nicht mögen - und es wird ihnen keinen Schaden zufügen. Chili, Knoblauch und weißer Essig gehören zu den unbeliebtesten Gerüchen der Füchse!

Füchse haben vertikale Pupillen, wie Katzen. Diese helfen ihnen, nachts besser zu sehen.

• • •

Der Flughund (engl. flying fox) ist keine Hunde- oder Fuchsart, sondern eine große Fledermausart.

• • •

Charles Darwin entdeckte eine Fuchsart. Sie wird Darwins Fuchs genannt und ist eine bedrohte Art, die im Nahuelbuta-Nationalpark in Chile lebt.

• • •

Obwohl sie sehr eng miteinander verwandt sind, können Füchse und Hunde nicht miteinander gezüchtet werden.

DAS ULTIMATIVE FUCHS-BUCH

Schwarzrücken-Sandfuchs und ihr Junges.

Es gibt eine Sternenkonstellation, die als "Fuchs" bekannt ist. Es wurde im Jahr 1687 eingeführt.

...

Einige Polarfuchsbaue sind über 100 Jahre alt, da sie von Generation zu Generation weitervererbt werden.

...

Vielleicht möchtest du in der Lage sein, Fuchskot in freier Wildbahn zu erkennen? Fuchskot enthält normalerweise sichtbare Haare, Knochen, Samen und Insekten. Die Enden sind verdreht und etwa fünf cm lang.

FUCHS-*quiz*

Teste jetzt dein Wissen in unserem Fuchs-Quiz! Die Antworten findest du auf Seite 104.

1. Wie nennt man weibliche Füchse?

2. Welche Fuchsart ist die kleinste?

3. Auf welchem Kontinent findet man keine Füchse?

4. Wie nennt man eine Gruppe von Füchsen?

5. Wie viele Arten von echten Füchsen gibt es?

6. Polarfüchse halten Winterschlaf. Richtig oder falsch?

7. Welches ist die kleinste lebende Fuchsart in Nordamerika?

8. Wo lebt der Kapfuchs?

9. Wie wird ein Babyfuchs genannt?

10. Welche Farbe haben die Augen des Welpen, wenn sie sie zum ersten Mal öffnen?

11. Wie viele Jungtiere befinden sich normalerweise in einem Rotfuchswurf?

12. Welches Geräusch machen die Jungtiere, wenn sie 19 Tage alt sind?

13. Was sind weitere Bezeichnungen für einen Fuchsbau?

14. Füchse sind opportunistische Jäger. Richtig oder falsch?

15. Welche Art von Sehvermögen haben Füchse?

16. Was ist eine Latrine?

17. Welches ist eines der bekanntesten Kinderlieder mit einem Fuchs?

18. Zu welcher Gattung/Gruppe gehören die Füchse?

19. Welche anderen Tiere gehören zu dieser Gruppe?

20. Was ist Gekkering?

ANTWORTEN

1. Füchsinnen oder Fähe.
2. Fennek oder Wüstenfuchs.
3. Die Antarktis.
4. Ein Rudel.
5. Zwölf.
6. Falsch.
7. Der Kitfuchs.
8. Im südlichen Afrika.
9. Ein Jungtier, ein Welpe oder ein Junges.
10. Hellblau.
11. Zwischen vier bis sechs, aber manchmal auch bis zu zwölf.
12. Sie fangen an zu winseln.
13. Erdhöhlen oder Baue.
14. Richtig.
15. Binokulares Sehvermögen.
16. Ein Bereich, in dem Füchse ihr Toilettengeschäft verrichten.
17. Fuchs du hast die Ganz gestohlen.
18. Canidae - Hunde.
19. Hunde, Kojoten und Wölfe.
20. Ein Geräusch, das Füchse machen, wenn sie einen Streit haben.

Füchse
WORTSUCHE RÄTSEL

F	T	E	R	R	I	T	O	R	I	A	L
S	F	Q	H	G	F	S	A	O	C	N	M
D	T	Ü	Q	W	E	Ü	S	T	U	A	J
S	R	R	C	E	F	Q	Ä	F	Y	C	H
Z	T	Ö	C	H	Ö	V	U	U	T	H	G
B	K	I	Z	V	S	P	G	C	E	T	C
H	I	Ä	N	N	Ü	E	E	H	H	A	A
G	U	Ü	Z	K	Ö	Ä	T	S	F	K	N
D	R	S	D	F	I	V	N	S	T	I	I
S	R	U	D	E	L	G	E	T	A	I	D
S	J	K	U	G	D	S	R	C	X	V	A
F	U	C	H	S	B	A	U	N	H	S	E

Kannst du alle Wörter in dem Wortsuche Rätsel auf der linken Seite finden?

FÜCHSE   FUCHSBAU   CANIDAE

RUDEL   NACHTAKTIV   ROTFUCHS

TERRITORIAL   STINKIG   SÄUGETIER

DAS ULTIMATIVE FUCHS-BUCH

LÖSUNG

	T	E	R	R	I	T	O	R	I	A	L
	F						O			N	
		Ü					S	T		A	
S		C				Ä	F			C	
	T		H			U	U			H	
	I			S		G	C			T	C
		N			E	E	H			A	A
			K			T	S			K	N
				I		I				T	I
	R	U	D	E	L	G	E			I	D
						R				V	A
F	U	C	H	S	B	A	U				E

QUELLEN

"9 Fox Facts You May Not Know". 2020. Killingsworth. *https://thebiggreenk.com/fox-facts/.*

"Fox - Wikipedia". 2021. En.Wikipedia.Org. *https://en.wikipedia.org/wiki/Fox.*

"NPR Cookie Consent And Choices". 2021. Npr.Org. *https://www.npr.org/sections/krulwich/2014/01/03/259136596/youre-invisible-but-ill-eat-you-anyway-secrets-of-snow-diving-foxes?t=1625912147710.*

"Bengal Fox - Wikipedia". 2021. En.Wikipedia.Org. *https://en.wikipedia.org/wiki/Bengal_fox.*

"Blanford's Fox - Wikipedia". 2021. En.Wikipedia.Org. *https://en.wikipedia.org/wiki/Blanford%27s_fox.*

"Vulpes Cana (Blandford's Fox)". 2021. Animal Diversity Web. *https://animaldiversity.org/accounts/Vulpes_cana/.*

"Vulpes Rueppellii (Rüppel's Fox)". 2021. Animal Diversity Web. *https://animaldiversity.org/accounts/Vulpes_rueppellii/#behavior.*

"Rüppell's Fox - Wikipedia". 2021. En.Wikipedia.Org. *https://en.wikipedia.org/wiki/R%C3%BCppell%27s_fox.*

"Vulpes Zerda (Fennec)". 2021. Animal Diversity Web. *https://animaldiversity.org/accounts/Vulpes_zerda/.*

Can You Tame A Wolf (If Yes, How?), and Do Coyotes. 2021. "Fox Babies | Baby Foxes Are Called Kits - All Things Foxes". All Things Foxes. *https://allthingsfoxes.com/fox-babies/.*

"Top Ten Fun Fox Facts | Earth Rangers: Where Kids Go To Save Animals!". 2014. Earth Rangers . *https://www.earthrangers.com/top-10/top-ten-fun-fox-facts/.*

Can You Tame A Wolf (If Yes, How?), and Do Coyotes. 2021. "Fox Symbolism | The Ultimate Guide - All Things Foxes". All Things Foxes. *https://allthingsfoxes.com/fox-symbolism/.*

"50 Fox Facts & Secrets You Want To Know | Facts.Net". 2020. Facts.Net. *https://facts.net/nature/animals/fox-facts/.*

"Fox Hunting & Eating Habits". 2021. Sciencing. *https://sciencing.com/fox-hunting-eating-habits-7812800.html.*

"Fox Behavior - All Things Foxes - Behavior And Habits". 2021. All Things Foxes. *https://allthingsfoxes.com/fox-behavior/.*

Auch von Jenny Kellett

... und mehr!

DAS ULTIMATIVE FUCHS-BUCH

Wir würden uns freuen, wenn du uns eine **Bewertung** hinterlässt!

Sie bringen uns immer zum Lächeln, aber was noch wichtiger ist, sie helfen anderen Lesern, bessere Kaufentscheidungen zu treffen.

Besuche uns auf:

www.bellanovabooks.com

für weitere Fun-Fact-Bücher und Geschenke!

www.ingramcontent.com/pod-product-compliance
Lightning Source LLC
LaVergne TN
LVHW051058100526
838202LV00086BA/6468